ÉTUDES MILITAIRES HISTORIQUES
D'APRÈS LES ARCHIVES DU DÉPÔT DE LA GUERRE

II

LA MORT DE MARCEAU

(19 septembre 1796).

L'ARMÉE DE SAMBRE-ET-MEUSE

PENDANT LA CAMPAGNE D'ÉTÉ DE 1796

PAR

E. HARDY

CAPITAINE ADJUDANT-MAJOR AU 130ᵉ DE LIGNE

AVEC 3 PLANCHES.

PARIS
IMPRIMERIE ET LIBRAIRIE MILITAIRES
J. DUMAINE
RUE ET PASSAGE DAUPHINE, 30

1877

LA MORT DE MARCEAU

L'ARMÉE DE SAMBRE-ET-MEUSE

PENDANT LA CAMPAGNE D'ÉTÉ DE 1796

Paris. — Imprimerie J. DUMAINE, rue Christine, 2.

LA MORT DE MARCEAU

(19 septembre 1796).

L'ARMÉE DE SAMBRE-ET-MEUSE
PENDANT LA CAMPAGNE D'ÉTÉ DE 1796

PAR

E. HARDY

CAPITAINE ADJUDANT-MAJOR AU 130ᵉ DE LIGNE

AVEC 3 PLANCHES.

EXTRAIT DU Journal des Sciences militaires.
(Juillet 1877.)

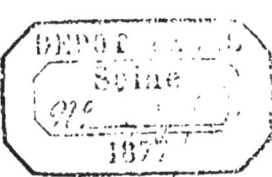

PARIS

IMPRIMERIE ET LIBRAIRIE MILITAIRES
J. DUMAINE
RUE ET PASSAGE DAUPHINE, 30

1877

LA MORT DE MARCEAU.

(19 septembre 1796).

L'ARMÉE DE SAMBRE-ET-MEUSE

PENDANT LA CAMPAGNE D'ÉTÉ DE 1796.

I

PREMIÈRES OPÉRATIONS DES ARMÉES DE SAMBRE-ET-MEUSE
ET DE RHIN-ET-MOSELLE.

1. Plan du Directoire pour la campagne de 1796. — 2. Plan du conseil aulique. — 3. Positions respectives sur le Rhin. — 4. Marche en avant et retraite de l'armée de Sambre-et-Meuse. — 5. Succès de l'armée de Rhin-et-Moselle : pointe de l'archiduc Charles contre Moreau.

1. Deux armées françaises devaient envahir l'Allemagne par les vallées du Mayn et du Necker, opérer leur jonction sur le Danube et entrer, par la Bavière, dans les États héréditaires de la maison d'Autriche, menacés au sud par une troisième armée venue d'Italie.

« L'armée de Sambre-et-Meuse, débouchant par Dusseldorf, cherchera, par une marche audacieuse sur la rive droite du Rhin, à attirer vers elle les principales forces de l'ennemi; celle de Rhin-et-Moselle saisira le moment où le général en chef Jourdan aura réussi à rassembler devant lui les plus grandes forces autrichiennes, pour passer le Rhin et entrer dans le Brisgau et la Souabe.

« *Un corps intermédiaire de 25,000 hommes, commandé par le général Marceau*, reliera les deux armées et, sans s'exposer, contribuera, conjointement avec l'armée de Rhin-et-Moselle, à harceler les Autrichiens, pour favoriser les opérations de Jourdan sur la rive droite du Rhin.

« Aussitôt que l'ennemi commencera à se retirer du Palatinat, le corps de Marceau, passant sous les ordres de Moreau, filera derrière les autres troupes vers le haut Rhin, pour franchir immédiatement le fleuve (*entre Huningue et Strasbourg*), et pénétrer dans le Brisgau et la Souabe.

« Le reste de l'armée de Rhin-et-Moselle poursuivra les Autrichiens dans le Palatinat pendant leur retraite, détruira les ponts de

Manheim et rejettera l'ennemi vers Mayence, en s'efforçant de s'emparer de son artillerie et de ses magasins[1]. »

2. Le plan des Impériaux consistait à marcher sur Trèves, aux premiers jours de juin, à franchir la Moselle et la Sarre, et à chasser Jourdan de la Belgique.

Leurs forces, sous le commandement en chef de l'archiduc Charles, étaient réparties entre les deux armées du Haut-Rhin et du Bas-Rhin, et formaient un total de 150,000 combattants. Une belle cavalerie, beaucoup plus nombreuse que celle des Français, assurait aux Autrichiens de grands avantages pour la guerre d'invasion en pays ouvert.

3. Au moment de la rupture de l'armistice (31 mai 1796), « le gros de l'armée du Bas-Rhin, sous les ordres de S. A. R. l'archiduc Charles, campait en avant de Mayence, près de Baumholder. Le feld-maréchal comte de Mercaudin était détaché aux environs de Kreutznach, avec un corps considérable, pour couvrir l'aile gauche et les derrières.

« Les troupes légères étaient réparties devant Stromberg et Schöneberg, dans la partie supérieure du Sonnenwald, jusqu'auprès de Kirn, et de là le long de la Nahe[2]. »

L'aile droite, sous les ordres du général d'artillerie prince de Wurtemberg, campait entre la Lahn et la Sieg.

« Le général Jourdan, maître du Hundsruck et de la rive gauche de la Nahe, observait l'archiduc avec les divisions Marceau, Poncet, Bernadotte, Championnet et la petite réserve de cavalerie (2,200 hommes) du général Bonnard ; la division Grenier et la brigade Bonnaud formaient le centre vers Cologne ; Kléber, commandant l'aile gauche (divisions Lefebvre et Collaud), était à Dusseldorf, opposé au duc de Wurtemberg.

« Le camp retranché et la tête de pont de Dusseldorf avaient été mis dans un état respectable ; on redoubla les travaux de l'île de Neuwied, et pour assurer la défense du corps du Hundsruck, on construisit des têtes de pont sur la Moselle, à Trarbach, Mulheim, Treiss et Alken[3]. »

4. Conformément aux ordres du Directoire, Jourdan prit l'offensive : Kléber, avec l'aile gauche, franchit la Wipper dans la soirée du 30 mai, repoussa les avant-postes du prince de Wurtemberg, le battit le 1er juin à *Siegberg*, le 4 à *Altenkirchen*, et l'obli-

---

[1] Le Directoire exécutif au général Moreau, commandant l'armée de Rhin-et-Moselle, 10 avril 1796.

[2] *Campagnes des armées autrichiennes et de l'empire en 1796.* — Relation officielle de l'archiduc Charles. (Manuscrit.)

[3] Jomini, *Guerre de la Révolution*, liv. X, chap. LVIII.

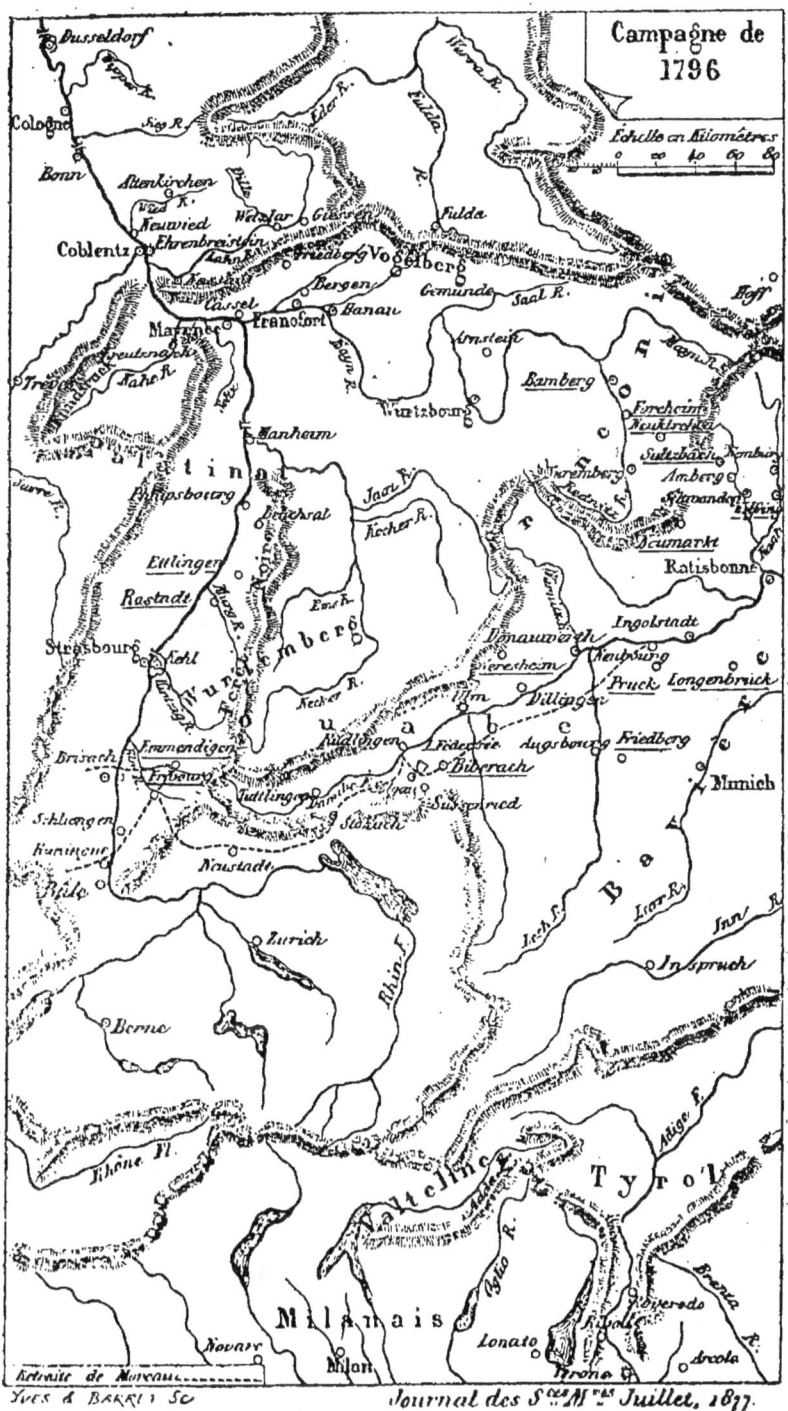

gea à se rallier derrière la Lahn, près de *Limbourg*, après lui avoir pris 12 canons et 4 drapeaux.

A la nouvelle de ces revers, l'archiduc, laissant sur la rive gauche du Rhin, devant Mayence, Mercaudin, avec 20,000 hommes, passa le fleuve les 8 et 9 juin, et accourut au secours de sa droite.

« Il trouva, le 14, l'armée de Jourdan établie sur la rive droite de la Lahn, dans l'ordre suivant : l'aile droite devant Ehrenbreistein; le centre, sur les hauteurs d'Ober-Hadamar, vis-à-vis de Limbourg; l'aile gauche, jusqu'à la Dille (affluent de rive droite de la Lahn), couverte par le camp de Herborn, avec des patrouilles jusqu'à Königsberg et Giessen.

« Les Français occupaient Weilbourg et tous les passages de la Lahn, jusqu'à Wetzlar.

« L'archiduc, déployant au centre 25,000 hommes (sous les ordres de Wartensleben) devant Dietz, Nassau, Limbourg et Runckel, prit lui-même le commandement de l'aile droite, afin d'attaquer le flanc gauche des Français et de menacer leurs communications vers Siegberg [1]. »

Il envoyait le corps de réserve (Werneck) prendre position sur les hauteurs au delà de Wetzlar, sur la rive droite de la Lahn.

Ce fut de ce côté que l'action s'engagea, le 15 juin.

La division Lefebvre, venue à marche forcée, pour s'assurer du débouché de *Wetzlar*, attaqua Werneck à midi, et chassa l'ennemi du village d'Altenbourg. Mais à quatre heures, l'archiduc prit, en personne, la direction du combat; *Altenbourg* fut enlevé à Lefebvre, qui battit en retraite devant des forces écrasantes d'infanterie et surtout de cavalerie.

Jourdan, en attirant à lui le principal effort des Autrichiens, et en détournant leur attention des entreprises de l'armée de Rhin-et-Moselle, avait rempli la mission que le Directoire lui avait donnée.

Le combat de Wetzlar portait les forces ennemies sur son flanc droit, et ne lui laissait que deux partis à prendre : ou bien changer de front et livrer une bataille défensive avec un fleuve à dos, ou bien profiter de ce que l'armée n'avait subi aucun échec sérieux, pour ordonner la retraite et repasser le Rhin. Ce parti était le plus sage : c'est celui que Jourdan adopta.

La droite et le centre (Championnet, Bernadotte, Grenier) se retirèrent méthodiquement par Limbourg, Montebauër et Altenkirchen, et passèrent le Rhin à Neuwied, sous la protection de l'aile gauche (Kléber), fortement établie à Ukerath.

Mais Kléber voulait avoir le dernier mot. Par un brusque retour

---

[1] Relation officielle de l'archiduc Charles.

offensif, il se jeta, le 19 juin, sur les flancs de l'avant-garde autrichienne commandée par Kray, et, après un brillant combat, il repassa la Sieg en son lieu et à son heure.

Bonnard revint sur la rive gauche du Rhin par Cologne et Bonn; Lefebvre et Collaud restèrent sur la rive droite; Kléber les établit derrière la Wipper, dans la forte *position d'Opladen,* qui couvrait le camp retranché de Dusseldorf.

5. « Après avoir laissé entre la Sieg et la Lahn un corps considérable (28,000 fantassins et 10,000 chevaux) sous les ordres de Wartensleben, et dans Mayence une forte garnison (général Neu), l'archiduc s'occupait de renforcer, vers Manheim, son centre d'opération, lorsque, le 29 juin, il apprit que Moreau avait passé le Rhin, attaqué les troupes du cercle de Souabe, pris leurs redoutes et leur artillerie, et qu'il retranchait une forte position près de Kehl, pour donner une base solide à ses opérations en Allemagne[1]. »

En six jours, l'archiduc rejoignit l'armée du Haut-Rhin avec toutes ses forces disponibles (24 bataillons et 39 escadrons); mais Moreau était déjà maître des vallées de la Kintzig et de la Murg, et, le 5 juillet, il rejetait Latour, qui lui était opposé, au delà du défilé de *Rastadt.*

L'archiduc ne fut pas plus heureux; battu, le 9 juillet, à *Ettlingen,* il dut se replier derrière le Necker et se contenter d'inquiéter, par quelques combats d'avant-postes, la marche victorieuse de l'armée de Rhin-et-Moselle à travers la forêt Noire.

Concentré entre Ulm et Ratisbonne, l'archiduc essaya d'arrêter Moreau en lui livrant, à *Neresheim,* une grande bataille (du 10 au 12 août).

La droite des Français fut un instant rompue, mais l'habileté et l'énergie de Moreau rendirent l'affaire indécise. L'archiduc se retira derrière le Danube, pour mettre à exécution le coup d'audace qui devait lui assurer le gain de la campagne.

II

DEUXIÈME MARCHE EN AVANT DE L'ARMÉE DE SAMBRE-ET-MEUSE.

6. Passage du Rhin. — 7. Corps de Marceau. — 8. Conquête de la Franconie. — 9. Pointe de l'archiduc Charles contre Jourdan. — 10. Bataille de Wurtzbourg.

6. En apprenant les succès de Moreau, Jourdan avait repassé le Rhin à Cologne et à Neuwied (2 juillet); il avait concentré 6 divisions sur la rive droite de la Sieg, avant d'attaquer l'armée de

---

[1] Bulletin officiel de l'archiduc Charles.

Wartensleben dispersée depuis Neuwied jusqu'à Neukirchen. Les Impériaux, après s'être repliés derrière la Lahn, avaient essuyé à *Friedberg* (10 juillet) un grave échec, qui les avait rejetés sur la rive gauche du Mayn.

Le 16 juillet, les Français entraient à *Francfort*, et Jourdan s'apprêtait à donner la main à Moreau, qui s'avançait sur le Necker, lorsqu'il reçut l'ordre formel du Directoire « *de suivre la rive gauche « du Mayn, de manière à déborder constamment le flanc droit de « Wartensleben.* »

Au lieu de réunir en une seule masse, dans la vallée du Danube, 120,000 Français que rien n'aurait pu arrêter, les diviser en deux armées divergentes, en présence d'un ennemi concentré, maître des places et des positions intermédiaires, c'était faire beau jeu à un général entreprenant et habile comme l'archiduc Charles.

7. Ce qui faisait commettre à Carnot cette faute, c'était la pensée de couvrir le pont de Neuwied contre les entreprises de la garnison de Mayence; c'est dans le même but qu'il avait ordonné la formation du corps de Marceau, sous le nom d'*aile droite de l'armée de Sambre-et-Meuse.*

3 divisions (30,000 hommes) restèrent sur le Rhin :

La division Hardy[1], sur la rive gauche, devant Mayence, le long de la Seltz;

Les deux autres sur la rive droite : Dauriez devant Cassel, Poncet devant la citadelle d'Ehrenbreistein.

8. Jourdan, à la tête des 46,000 hommes formant son centre et sa gauche (Kléber), poursuivit, le long du Mein, Wartensleben, qui se repliait lentement devant lui en évitant tout engagement décisif.

Kray, avec une forte arrière-garde bien couverte par une excellente cavalerie, tenait bravement tête aux avant-postes français.

Maître de Wurtzbourg, le 25 juillet, Jourdan, tombé malade, remit pour quelques jours le commandement à Kléber.

Malgré sa répugnance, celui-ci dut, comme son chef, se conformer aux ordres funestes du Directoire, en remontant patiemment les deux rives du Mayn. Cependant il battit les Impériaux le 4 août devant *Bamberg* et le 7 à *Forcheim*. Le jour même, il rendait le commandement à Jourdan.

« Les avant-gardes françaises, courant sans cesse sur un grand

---

[1] 31ᵉ division de gendarmerie; 9ᵉ demi-brigade d'infanterie légère; 2ᵉ, 55ᵉ, 108ᵉ de ligne; 11ᵉ régiment de chasseurs à cheval, un escadron du 2ᵉ hussards, un escadron du 4ᵉ; 6ᵉ régiment de cavalerie, deux escadrons du 13ᵉ; une compagnie d'artillerie légère; une compagnie d'artillerie de position avec son parc; une compagnie de sapeurs. Effectif total : 9,040 hommes. (Situation du mois d'août.)

front et trop en avant de leurs divisions, souvent attaquées par des forces supérieures et presque toujours par Kray lui-même, auraient essuyé plus d'un échec sans le courage et le coup d'œil de leurs généraux [1]. »

Après les combats de *Neukirchen*, de *Sultzbach* (16 et 17 août) et de *Wolfering*, Wartensleben vint prendre, derrière la rive escarpée de la Naab, la forte position où l'archiduc lui avait ordonné de l'attendre.

Le 20, l'armée française se déployait sur la rive opposée, entre Naabourg et Schwandorf. Sur son flanc droit, la division Bernadotte était détachée à Neumark pour observer la route de Ratisbonne.

9. L'archiduc, renonçant à arrêter Moreau, avait passé subitement le Danube à Ingolstadt avec 24 bataillons et 50 escadrons. Le 21, il attaquait Bernadotte à *Neumark* et l'obligeait à se replier sur Lauf.

Le 25, il opérait sa jonction avec Wartensleben, battait à *Amberg* Grenier et Championnet, et poussait ses avant-postes jusqu'à Nuremberg.

C'était l'exécution du plan audacieux qu'il avait formé de gagner le flanc droit de Jourdan, d'empêcher sa jonction avec le corps de Marceau et de le rejeter en désordre dans les défilés du Vogelberg.

Jourdan, découragé par ces premiers revers, croyait avoir perdu la confiance de ses lieutenants, et il demandait instamment au Directoire à se démettre de son commandement.

Kléber, malade à Schwensart, voulait aussi quitter l'armée.

10. Un dernier effort fut tenté à *Wurtzbourg*, le 3 septembre. Dans une bataille opiniâtre, digne du vainqueur de Fleurus, Grenier, Championnet, Bonnard, Klein et Ney rivalisèrent d'énergie et de bravoure, et l'armée de Sambre-et-Meuse dégagea sa ligne de retraite.

III

DEUXIÈME RETRAITE DE L'ARMÉE DE SAMBRE-ET-MEUSE.

11. Changement de front en arrière sur l'aile droite. — 12. Illusions du Directoire. — 13. Disgrâce de Jourdan. — 14. Retraite sur la Lahn.

11. Pendant que le corps de Marceau maintenait la garnison de Mayence et servait de point d'appui à un grand changement de front en arrière sur l'aile droite, Jourdan, après avoir rallié ses divisions à Arnstein, derrière la Saal, se dirigeait, à travers les montagnes de Fulda, sur Wetzlar, pour prendre position sur la Lahn.

---

[1] JOMINI, *Guerres de la Révolution*, liv. X, chap. LX.

12. Il ne fallait plus songer à obéir au Directoire, qui entretenait encore *à 300 lieues du champ de bataille* d'étranges illusions.

Le Directoire à Jourdan.

19 fructidor (5 septembre 1796).

« ..... Nous avons prévu que la jonction des deux armées autrichiennes permettrait à l'archiduc Charles de détacher des troupes de l'une et de l'autre pour prendre momentanément l'offensive contre les deux armées françaises. C'est ce qui nous avait déterminés à vous prescrire de livrer bataille à Wartensleben avant sa jonction avec l'archiduc Charles. Nous n'avons pas été surpris d'apprendre que, n'ayant pas pu empêcher un corps ennemi de menacer vos derrières en se portant sur Neumark, vous ayez été forcé d'abandonner la Naab pour vous replier.

« *Établissez-vous fortement sur la Rednitz, indispensable pour servir au besoin de front aux quartiers d'hiver*, sans cesser de communiquer avec l'armée de Rhin-et-Moselle, qui envahit la Bavière. Attaquez toutes les fois que les circonstances vous le permettront.

« *Pendant que vous occuperez l'archiduc Charles et Wartensleben sur la Rednitz,* Moreau, dégagé d'une partie des forces qui couvraient la Bavière, se prolongera jusqu'à Ratisbonne en maintenant, par quelques corps, la communication de son flanc gauche avec votre armée.

« Pour frapper sur-le-champ de grands coups sur les points que l'ennemi dégarnit, il faut, entre Moreau et vous, le concert le plus actif.

« REVEILLÈRE-LÉPEAUX. »

13. Peu de temps après, Jourdan apprenait qu'il était remplacé par Beurnonville dans le commandement de l'armée de Sambre-et-Meuse ; on lui offrait en dédommagement l'armée du Nord, que Beurnonville allait quitter, en amenant sur le Rhin d'importants renforts.

Pas une plainte n'échappa au général disgracié. Il aurait pu répondre que ces échecs, les premiers qu'il eût subis depuis trois ans, lui avaient été imposés par le plan vicieux du Directoire ; que l'indiscipline et le pillage qu'on reprochait à son armée avaient pour causes l'abandon du gouvernement, l'incurie et le désordre des commissaires-ordonnateurs ; que les soldats, ne recevant ni vivres ni argent, ni vêtements ni souliers, en étaient réduits à prendre parfois à l'habitant ce que le Directoire n'avait pas su leur assurer.

Il se contenta de protester de son dévouement à la patrie et de réclamer, loin des honneurs, le repos qu'il avait si bien gagné.

Puis, en attendant l'arrivée de Beurnonville, Jourdan s'efforça de faire bonne contenance devant l'ennemi.

14. La retraite était pénible ; la cavalerie autrichienne harcelait nos colonnes, les paysans s'armaient, et la misère entraînait quelques désertions.

C'était, pour des généraux habitués à la victoire, une épreuve difficile ; la plupart en sont sortis plus nobles et plus grands devant l'histoire.

Deux d'entre eux ont péri dans cette retraite : *Bonnard*, le Murat de Sambre-et-Meuse, et *Marceau*, le plus jeune et le plus sympathique de tous. Nous allons demander aux archives de la guerre d'éclairer, par leurs témoignages authentiques, cette dernière figure, plus belle encore dans la vérité que la légende ne l'a faite.

IV

LES QUATRE JOURNÉES SUR LA LAHN.

15. Position de l'armée française derrière la Lahn. — 16. Jourdan s'apprête à reprendre l'offensive. — 17. Journée du 16 septembre : Combats de Limbourg et de Giessen. — 18. Journée du 17 septembre : Abandon de la basse Lahn par la division de l'armée du Nord ; retraite de Marceau et de Bernadotte sur Molzberg et Mœrenberg. — 19. Journée du 18 septembre : Combat de Freylingen ; retraite générale de l'armée. — 20. Journée du 19 septembre : Combat d'Altenkirchen ; Marceau est blessé mortellement.

15. Jourdan avait ordonné au corps de Marceau de le rejoindre derrière la Lahn et de lever le blocus de Mayence, en ne laissant sur la rive gauche du Rhin, pour observer la place, que la division Hardy (10 septembre).

La division Castelverd, de l'armée du Nord, remplaçait, devant Ehrenbreistein, la division Poncet, qui prenait position, le 13, devant Nassau, pour former la gauche de Marceau.

« Le 14, l'armée française bordait la Lahn depuis Giessen jusqu'au Rhin, vers Ehrenbreistein : Marceau avait sa droite au fleuve, son corps de bataille vers Limbourg et Nassau ; Bernadotte campait à Runkel, Championnet à Weilbourg, Lefebvre derrière Wetzlar, Grenier à Giessen [1]. »

Bernadotte et Marceau avaient arrêté, de concert, le plan de défense de la basse Lahn.

---

[1] JOMINI, *Guerres de la Révolution*, liv. XI, chap. LXII.

Bernadotte à Jourdan.

27 fructidor an IV (13 septembre 1796).

« Dans une reconnaissance que nous avons poussée hier aux environs de Kirberg, le général Marceau, *qui était en habit de hussard*, s'est approché, suivi de quelques officiers, des vedettes ennemies ; un officier autrichien s'est trouvé très-près, et le général Marceau a lié conversation avec lui. Il en a appris que les Autrichiens disposaient de 165 escadrons, mais qu'ils s'inquiétaient des renforts que l'armée de Sambre-et-Meuse pouvait recevoir de l'armée du Nord. »

16. Jourdan s'apprêtait à reprendre l'offensive « aussitôt qu'il aurait réparé son artillerie, fort délabrée [1]. »

« ..... Je me proposais de faire la résistance la plus opiniâtre sur la Lahn, jusqu'au moment où les circonstances me permettraient de me porter en avant. L'ennemi ayant fait, les 13, 14 et 15 septembre, des mouvements continuels, je crus apercevoir qu'il avait l'intention de me tourner par ma gauche avec des forces considérables, comme cela est arrivé déjà deux fois, et j'y portai les principales forces de l'armée. Le 14, l'ennemi attaqua *Weilbourg*, défendu par le général Klein, avec la 8e légère et le 12e chasseurs à cheval ; le général prit de bonnes dispositions, donna aux troupes l'exemple du courage ; le poste ne fut pas forcé.

« Le 15, en présence des mouvements continuels de l'ennemi, je fis passer des troupes de la droite à la gauche.

« Le 16, l'armée occupait sur la Lahn les positions suivantes :

« La division Grenier devant Giessen ;

« Les divisions Lefebvre et Championnet devant Wetzlar, appuyant l'une sa droite, l'autre sa gauche, à la Dille ;

« La réserve de cavalerie (général Bonnard) en 2e ligne, derrière ces 3 divisions ;

« La division Bernadotte occupait Weilbourg et Runckel ;

« Le corps de Marceau était devant Limbourg et Dietz ;

« La division de l'armée du Nord, commandée par Castelverd, gardait la Lahn depuis Nassau jusqu'à son confluent dans le Rhin et bloquait Ehrenbreitstein avec 6 bataillons [2]. »

L'archiduc attaqua, le 16 septembre, l'armée française sur ses deux ailes.

Le matin même de cette journée où il devait déployer tant de courage et d'énergie, Marceau, profondément affecté des injustes accusations qu'on faisait peser sur Jourdan, et en proie lui-même à

---

[1] Jourdan à Moreau, 15 septembre 1796.
[2] Rapport de Jourdan au Directoire, 19 septembre.

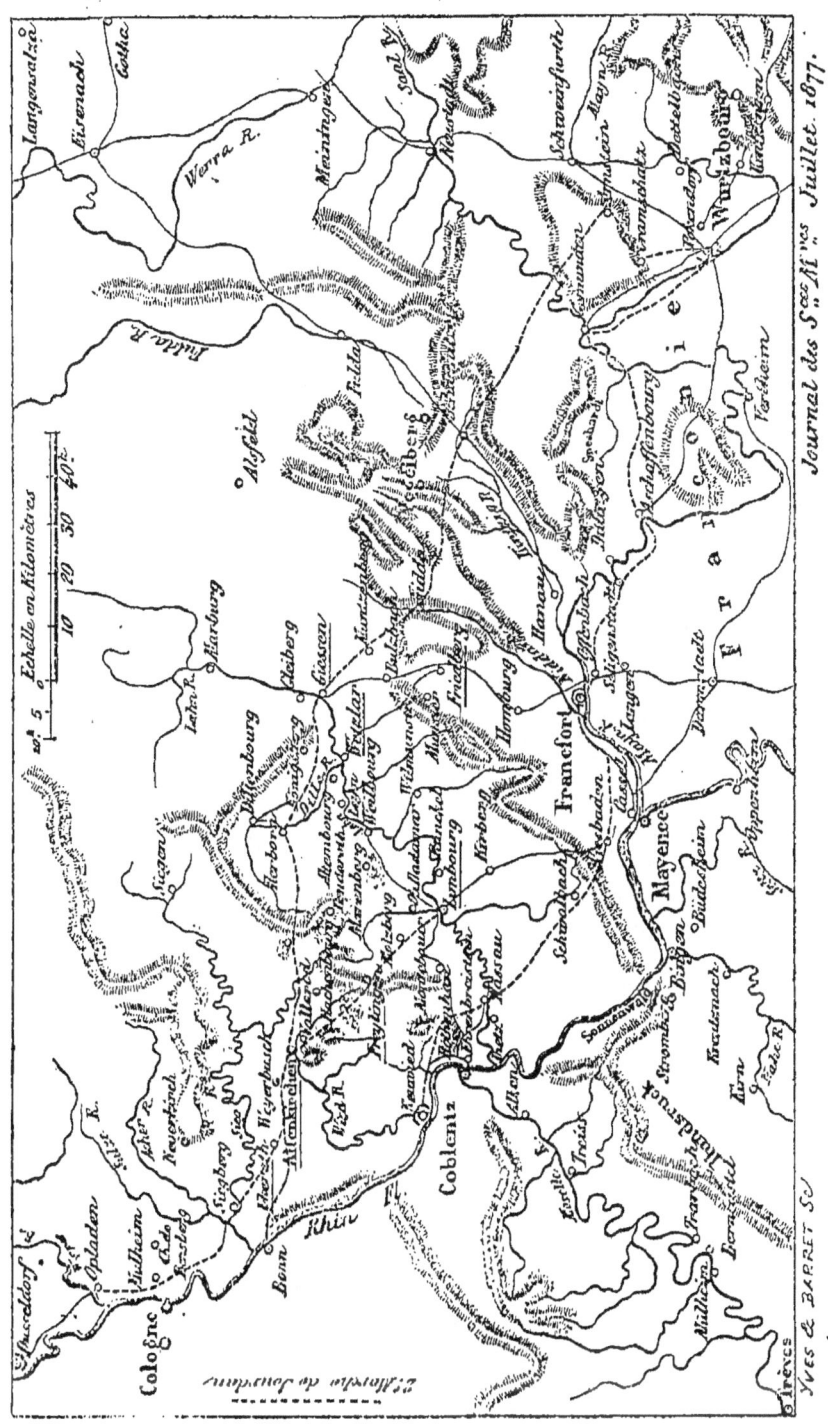

un vague sentiment de tristesse et de découragement, écrivait à son général en chef :

Marceau à Jourdan.

Au quartier général de Dietz, le 30 fructidor an IV (16 septembre).

« ..... Le changement survenu dans le commandement de l'armée vient à l'appui des différentes autres raisons qui doivent me faire désirer de retourner à ma division [1]. Je vous le demande comme une preuve de votre amitié.

« Peu accoutumé à me vanter de ce que j'ai fait ou pas fait, je ne cours pas après un vain fantôme de gloire. *Remplir mes devoirs fut toujours le comble de mon ambition;* je dois donc en ce moment chercher ce qui me convient le mieux et quitter un commandement que je n'ai pris que dans l'espoir de vous être, à vous et à la chose publique, de quelque utilité, *mais que je ne veux conserver qu'autant qu'il serait dirigé par vous.* J'ai appris avec une double peine et votre éloignement de l'armée et le nouveau commandement que vous acceptez [2]. *Il me semblait que lorsque Jourdan avait conduit l'armée, qu'il a formée, pendant trois ans de victoires en victoires, il ne devait pas, pour quelques insuccès, nous quitter et prêter aux méchants des moyens de ternir sa gloire.*

« J'eusse beaucoup mieux aimé vous voir retourner au sein de votre famille, et là, jouir d'un repos que vous avez bien acquis et de la considération que vous avez méritée. Vous me pardonnerez mon opinion à cet égard : elle est dictée par l'amitié que j'ai pour vous. *Je ne sais flagorner personne, mais je suis jaloux de la gloire de mes amis.*

« Répondez-moi de suite, je vous prie, sur mon retour de l'autre côté du Rhin. Je veux absolument n'être chargé que du commandement de ma division ; il me convient et me plaît à plus d'un titre. Au moment où cette lettre part, l'ennemi attaque ; je me porte au champ de bataille, je vous rendrai compte du résultat.

« Salut et amitié.

« MARCEAU. »

Rapport de l'archiduc Charles.

« Le prince Charles ayant appris que l'ennemi avait porté ses principales forces de Dietz et Limbourg sur la hauteur près de la

---

[1] C'était la division détachée sur la Seltz et commandée par le général Hardy.
[2] Jourdan a suivi le conseil de Marceau et n'a pas accepté le commandement de l'armée du Nord.

maison du péage, se porta sur Münster, envoya Hotze sur Weilbourg et Neu avec la garnison de Mayence, de Schwalbach sur Kirberg. Le 16, l'ennemi, abandonnant les hauteurs, s'était porté dans la plaine devant Limbourg et Dietz. Il y fut suivi de près : les troupes gagnèrent les hauteurs de Limbourg, et bientôt l'ennemi fut culbuté au delà de la Lahn ; Limbourg et Dietz furent occupés et l'on s'empara des deux ponts. Un feu très-vif d'artillerie et de mousqueterie se prolongea, dans le faubourg de Limbourg, jusque dans la nuit. »

Marceau à Jourdan.

30 fructidor an IV.

« Il est nuit, mon cher général, et c'est encore sur le champ de bataille que je vous écris. L'ennemi a forcé trois fois le débouché de *Limbourg* et trois fois il a été repoussé avec la plus grande valeur. Sa supériorité ne lui a servi de rien contre la bravoure de nos soldats. Nous sommes exténués de fatigue et nous n'avons plus de munitions pour nos pièces de 4. Le pont de Dietz a été forcé, car ma droite n'a pas aussi bien donné que les troupes que j'avais le bonheur de commander en personne. L'ennemi est maître de la hauteur en avant de Dietz, il a donc un débouché, mais très-petit. Si vous m'envoyez du secours, je tiendrai encore demain, sans quoi, mon général, je courrai le risque d'une belle déroute. Voyez si cela peut vous accommoder.

« Mon cher général, 4 bataillons de plus, 6 ou 8 escadrons et une compagnie d'artillerie légère, et je réponds de me battre encore demain.

« *Malgré mon amour pour mes devoirs, demeurez persuadé, mon cher général, que mon amitié pour vous entre pour beaucoup dans la défense trop opiniâtre que j'ai faite aujourd'hui.* Je vous le répète encore une fois, peu d'affaires ont été aussi chaudes ; je ne connais pas au juste ma perte, mais celle de l'ennemi est innombrable. *On peut faire un retranchement sur le pont avec ses morts.*

« Il me faut un mot de vous avant demain 5 heures du matin.

« Salut et amitié.

« MARCEAU. »

Rapport de Jourdan au Directoire.

« ..... Marceau fut attaqué par des forces beaucoup plus considérables que celles que je présumais à l'ennemi devant lui. Mais ce vaillant général soutint le choc de l'ennemi avec la plus grande intrépidité et conserva sa position devant Limbourg, après avoir fait éprouver une perte considérable à l'ennemi.

« Le poste de Dietz fut cependant forcé, mais comme ce débouché est extrêmement difficile, le général Marceau m'écrivit que je pouvais être tranquille, qu'il conserverait la position de Limbourg et reprendrait Dietz si je lui envoyais quelques bataillons et quelques escadrons de renfort.

« J'ordonnai en conséquence, de suite, un mouvement sur ma droite. La division Bernadotte devait se porter en entier devant Limbourg pour se réunir à Marceau ; elle était relevée par des troupes de Championnet. La réserve de cavalerie était placée en deuxième ligne, derrière Marceau, parce que l'ennemi paraissait avoir ses principales forces devant Limbourg.

« Le même jour (16 septembre), Grenier fut attaqué dans toutes ses positions de *Giessen* à Gleiberg. Grenier, secondé par quelques bataillons de Lefebvre et par la réserve de cavalerie, repoussa l'ennemi après un combat de douze heures et le força à repasser entièrement la Lahn. »

Ce succès de l'aile gauche coûtait cher : le général Bonnard, en chargeant l'infanterie autrichienne à la tête de deux escadrons, reçut à la cuisse un coup de feu dont il mourut quelques jours après.

Rapport de l'archiduc Charles.

« L'archiduc ordonna à Kray de faire une forte démonstration près de Wetzlar et Giessen, pour cacher à l'ennemi son véritable projet (*contre l'aile droite*). Kray fit avancer le 16 au matin le général Elsnitz contre l'aile gauche de l'ennemi, au delà de la Lahn ; ce général repoussa les Français dans diverses attaques, jusqu'à 5 heures du soir. Comme l'ennemi recevait sans cesse des renforts, Kray le fit attaquer par le général Schellenberg avec 3 bataillons. L'attaque fut faite avec tant de vigueur, que malgré son feu d'artillerie, l'ennemi fut chassé de la hauteur qu'il occupait.

« A l'entrée de la nuit, l'ennemi renouvela l'attaque avec toutes ses forces ; mais, comme on avait déjà atteint le but qu'on se proposait, *les troupes impériales se retirèrent dans leurs premières positions.* »

18. Le lendemain, au point du jour, Bernadotte se dirigeait vers Limbourg pour secourir Marceau. Malheureusement, le général Castelverd, qui gardait Nassau, en apprenant que le pont de Dietz était au pouvoir des Autrichiens, avait cru son flanc gauche menacé, et il avait levé son camp en toute hâte. Abandonnant le blocus

d'Ehrenbreistein et la défense de la Lahn, il s'était replié, par Montebaüer et le Coq Rouge, jusqu'à la tête de pont de Neuwied [1].

C'était découvrir le flanc droit de Marceau, l'exposer à un désastre et obliger l'armée entière à la retraite.

Marceau à Bernadotte.

Hauteurs de Limbourg, 9 heures du matin, — 1ᵉʳ jour complémentaire
(17 septembre).

« Il n'est plus temps, mon cher général, de songer à combattre ; la retraite du général Castelverd et les forces de l'ennemi m'empêchent de tenir dans la position de Limbourg, la position de Dietz étant forcée.

« Retirez donc vos troupes et suivez les instructions du général en chef sur votre retraite.

« Je vais prendre position à Molzberg, en profitant du brouillard ; j'irai de là à Freylingen. Je communiquerai avec vous. Je vous prie de me faire savoir à quelle hauteur vous vous retirerez. J'écris au général Jourdan pour le prévenir.

« Salut et amitié.

« MARCEAU. »

Bernadotte ne trouva donc pas Marceau à Limbourg. La cavalerie autrichienne inondait la plaine ; Bernadotte accepta le combat, contre des forces très-supérieures, pour dégager ses généraux de brigade, Simon et Klein, restés sur la Lahn, et pour leur donner le temps d'effectuer leur retraite. A midi et demi, Bernadotte se replia à son tour sur Allendorf et Mœrenberg, en faisant couvrir son mouvement par une arrière-garde (adjudant-général Mireur), déployée sur les hauteurs de Nieder-Diffenbach.

---

[1] Lorsque le Directoire ordonna une enquête sur cette retraite du général Castelverd, Beurnonville prit chaleureusement la défense de cet officier, qui avait longtemps servi sous ses ordres :

« Pendant la retraite, Castelverd n'avait que trois bataillons pour garder cinq lieues ; sur quatre canons, on lui en retira deux, sans le prévenir. Il gardait la Lahn, depuis Dietz et Nassau jusqu'à son confluent dans le Rhin.

« C'était sur ce point que devaient se porter les Autrichiens pour débloquer Ehrenbreistein et s'emparer de la tête de pont de Neuwied, que Castelverd avait ordre de couvrir. Il avait ordre de se retirer quand le passage de Dietz serait forcé, et c'est ce qu'il a fait. Il a couvert la retraite de 130 caissons, qui auraient été pris sans lui.

« Ce n'est pas quatre bataillons retirés de la Lahn qui pouvaient forcer une armée entière à la retraite. On désirait un prétexte, et c'est Castelverd qui l'a fourni. » (Beurnonville au Directoire, octobre 1796.)

Les Autrichiens se mirent à sa poursuite, et un nouveau combat s'engagea dans le bois de *Mœrenberg*.

Bernadotte à Jourdan.

« ..... La journée aurait été brillante, si les efforts du général Marceau et les miens n'avaient pas été frappés de nullité par l'abandon précipité de toute la basse Lahn. Cet abandon a fait courir à Marceau de grands risques, qui se sont ensuite rejetés sur moi. »

Rapport de l'archiduc Charles.

« Le 17, l'archiduc fit marcher l'armée sur trois colonnes. L'ennemi, trompé par la démonstration de la veille, ne semblait pas s'attendre à une action sérieuse ; mais aussitôt qu'il vit le centre de notre armée passer la Lahn à Limbourg sur deux ponts et à gué, il abandonna sa position. Après cela, l'armée impériale campa sur les hauteurs d'Ostheim : les troupes légères poursuivirent l'ennemi jusqu'aux environs de Montebaüer, Molzberg et Mœrenberg. »

Rapport de Jourdan au Directoire.

19. « Je me rendais, le 18, à Ober-Hadamar, lorsqu'à ma grande surprise j'appris en chemin, par une lettre de Marceau, que le général Castelverd avait abandonné la Lahn sans être attaqué et sans avoir reçu d'ordre, qu'il s'était retiré sur Montebaüer, puis qu'il avait passé le Rhin à Neuwied, après avoir fait lever le blocus d'Ehrenbreistein.

« Marceau m'annonçait que cette retraite imprévue l'avait forcé à se retirer sur Molzberg.

« Bernadotte, qui croyait trouver Marceau devant Limbourg, y trouva l'ennemi. Attaqué par des forces très-supérieures, il se retira sur Valdenrenbach, après avoir livré un combat très-vif, pour protéger la retraite du poste de Weilbourg et de la réserve de cavalerie.

« L'ennemi, profitant de la retraite de notre droite, vint attaquer nos postes jusqu'à Leyn ; je fus donc forcé de faire un mouvement rétrograde, et *comme l'armée n'a pas de pain depuis quatre jours, comme elle ne vit que de pommes de terre, comme les commissaires se déclarent dans l'impossibilité de me procurer des subsistances, comme enfin je suis sans munitions*, je vais me retirer sur la rive gauche du Rhin, en faisant garder la tête du pont de Neuwied et le camp retranché de Dusseldorf.

« J'ai fait tout ce que j'ai pu pour ne pas faire ce mouvement : j'y suis contraint par la mauvaise manœuvre du général Castelverd et par la disette.

« J'ajoute qu'il me paraît impossible que l'armée puisse se reporter en avant, tant qu'elle n'aura pas de magasins et surtout des moyens de transport. On ne doit plus compter sur les ressources du pays, parce qu'il est désert et que les habitants y sont armés. »

Marceau à Jourdan.

Hauteurs de Freylingen, 2ᵉ jour complémentaire an IV.

« Il est 5 heures, et depuis 11 heures nous sommes aux prises avec l'ennemi. Son avant-garde, qui nous a attaqués, ne nous a pas surpris ; sa cavalerie seulement est plus nombreuse que la mienne, mais je suis le plus fort en infanterie.

« Le corps d'armée de l'ennemi paraît depuis 2 heures sur les hauteurs de Molzberg ; vous pouvez vous douter, d'après ce que je viens de vous dire, combien il doit compter sur des succès pour son attaque. Pour comble de désagrément, je n'ai presque plus de munitions, et le parc, qui avait été dirigé sur Freylingen et Altenkirchen, serait, dit-on, parti pour l'autre côté du Rhin. Je ne sais comment je ferai, puisque vous avez ordonné que je soutienne la position de Freylingen. Je ferai pour le mieux et je tâcherai de m'en tirer. J'espère que vous serez demain à Mackenbourg ; alors vous serez à même de m'envoyer des secours ; car, pour la position que j'occupe, vous avouerez que 600 à 700 chevaux sont bien insuffisants devant un ennemi qui en a au moins 2,000.

« Je vous prie de me donner de vos nouvelles, et d'en charger au moins quelqu'un d'exact pour que vos ordres me parviennent à temps.

« Je vous préviens que j'ai envoyé aujourd'hui à Altenkirchen 2 bataillons et 1 escadron de cavalerie pour nous assurer ce point, qui pourrait être insulté par des troupes ennemies envoyées de Montebauër.

« Salut et amitié.

« MARCEAU. »

Rapport de l'archiduc Charles.

« Le 18, l'armée établit son camp près de Molzberg.

« Kray poursuit de près l'ennemi, qui se retire par le chemin d'Herborn.

« Hadick s'avance au delà de Mœrenberg, sur Langendernbach.

« Hotz parvient jusqu'aux environs de Wrilingh ; Neu marche sur Gremeshausen.

« Milius délivre Ehrenbreistein en s'emparant de la hauteur de Rothenhan. »

Bulletin historique de l'armée de Sambre-et-Meuse.

2ᵉ jour complémentaire de l'an IV.

« Lefebvre et Grenier se retirent par Herborn sur Hoff.

« Championnet, Bernadotte et la division de cavalerie prennent poste à Hackenbourg et à Hagen,

« *Marceau défend tout le jour le poste important de Molzberg et donne aux divisions de gauche le moyen d'arriver tranquillement en ligne.*

« Sur la Seltz, la division Hardy échange, vers les 4 heures, une violente canonnade avec les Autrichiens, qui ont mis 8 pièces en batterie devant le village de Büdesheim.

« *Le général de brigade,*
chef d'état-major par intérim,

« Jacobé-Trigny. »

20. « Le 19, les divisions françaises continuèrent leur marche en échelons, pour se concentrer près d'Altenkirchen ; Championnet protégea cette marche en restant en position, jusqu'au milieu du jour, à Hackenbourg. La cavalerie, qui marchait, avec le centre, dans la même direction, courut en toute hâte sur Altenkirchen, pour empêcher les Autrichiens de gagner la grand'route de Wallerod et d'intercepter la retraite de Marceau.

« Celui-ci, laissé en arrière-garde du côté de Molzberg, leva son bivouac à 3 heures du matin et chemina par la chaussée de Freylingen, sans cesse harcelé par l'ennemi[1]. »

Bulletin historique de l'armée de Sambre-et-Meuse.

3ᵉ jour complémentaire de l'an IV.

« *Aile droite*..... Le corps de Marceau quitta ses positions de Molzberg à 4 heures du matin. Il fut suivi par un parti de troupes légères soutenues de quelques canons. L'arrière-garde fit tête à l'ennemi par différentes manœuvres, et le tint en respect durant toute la marche.

« Arrivée sur la hauteur d'Altenkirchen, l'aile droite se mit en bataille pour faciliter aux divisions de gauche le passage du défilé d'Altenkirchen. L'ennemi se présenta en nombre considérable, et engagea une affaire sérieuse, dans laquelle il fut constamment repoussé.

---

[1] Jomini, *Guerre de la Révolution*, liv. XI, chap. LXII.

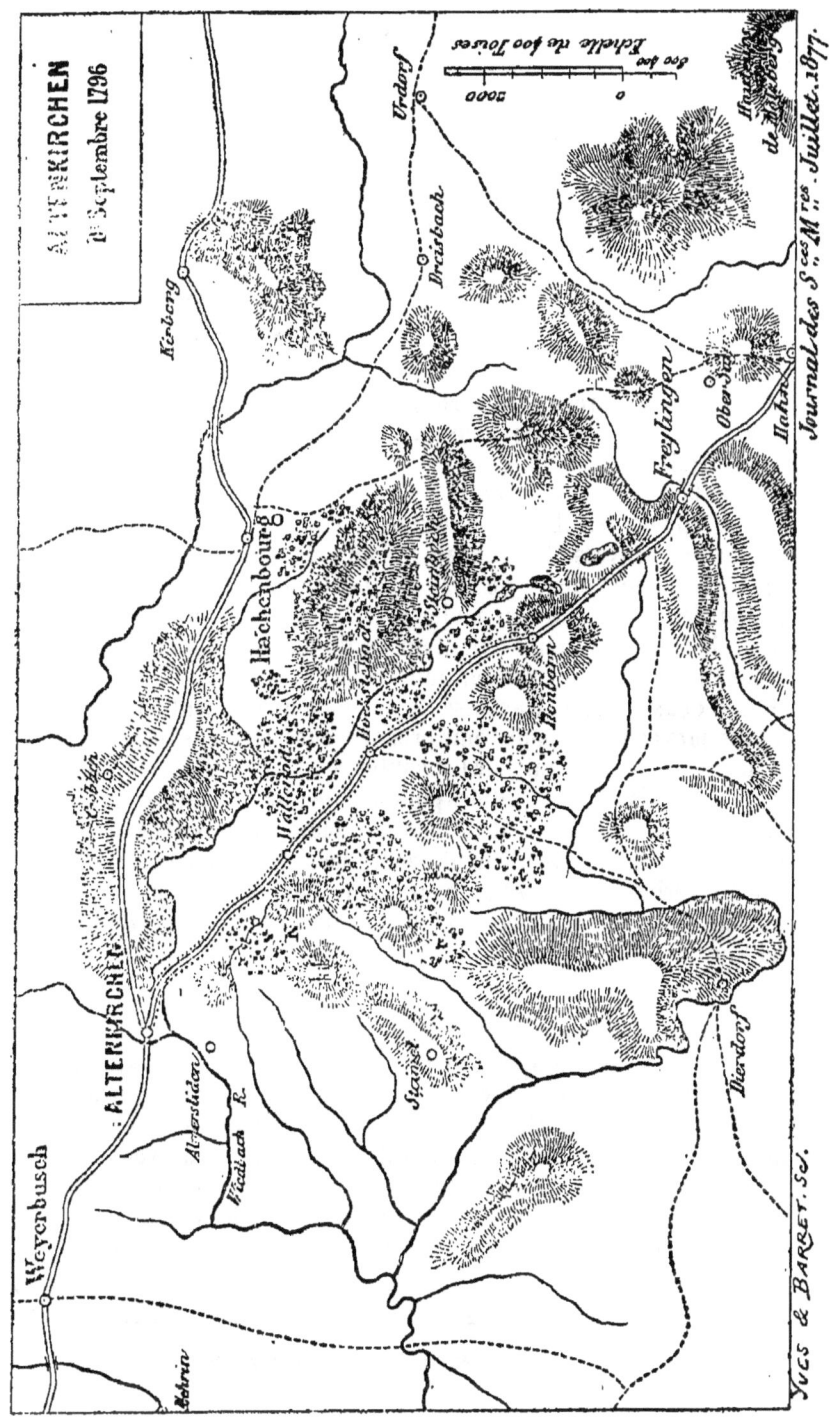

« *On n'aurait qu'à se féliciter de l'issue de cette action, si le général Marceau n'y eût été mortellement blessé d'un coup de feu.*

« Lorsque le passage du défilé fut effectué par la division de gauche, les troupes de l'aile droite passèrent le ravin de la Wiedbach, et vinrent prendre position en arrière de ce ruisseau, à la droite de la division Bernadotte.

« Après la blessure de Marceau, le général Poncet a pris le commandement des troupes.

« Rien de nouveau sur la Seltz, dans la division Hardy.

« Jacobé-Trigny. »

« Le général Marceau fut porté par des grenadiers jusqu'à Altenkirchen, sur une échelle couverte de foin et de manteaux ; sa chemise était couverte de sang.

« Altenkirchen est située entre deux montagnes, en arrière du petit ruisseau appelé Wiedbach ; le grand chemin, par lequel on apportait Marceau, traverse le ruisseau sur un petit pont de pierre à une seule arche, à une portée de fusil d'Altenkirchen. C'est sur ce pont que Jourdan, avec son état-major et plusieurs généraux, vint au-devant de Marceau : tous avaient un air de tristesse et d'abattement que leur inspirait l'état de leur ami.

« Les deux armées française et autrichienne étaient en marche sur plusieurs colonnes pour venir prendre leurs positions respectives.

« L'ennemi se montrait sur les hauteurs en avant d'Altenkirchen, que les Français avaient quittées pour occuper les hauteurs en arrière de la ville ; ils s'y formaient en bataille, quand on apporta Marceau. L'arrière-garde française tenant encore les hauteurs sur lesquelles l'ennemi arrivait, le combat continuait. Les troupes en marche ouvraient leurs rangs à droite et à gauche sur le passage de Marceau [1]. »

Jourdan au Directoire.

«.....L'armée est campée aujourd'hui en arrière d'Altenkirchen. Nous avons eu, comme à l'ordinaire, une affaire d'arrière-garde où le général de division Marceau a été blessé dangereusement d'une balle. J'ai été obligé de le laisser à Altenkirchen. Je ne vous ferai pas l'éloge de ce général, Citoyens Directeurs, vous connaissez depuis longtemps ses talents et son courage. *La République est privée, par cet événement, d'un de ses meilleurs généraux, et moi, d'un sincère ami.* »

---

[1] Note anonyme conservée aux archives du Dépôt de la guerre.

Rapport de l'archiduc Charles.

« ..... Le 19, Jourdan fit mine de vouloir rassembler ses forces à Altenbourg pour y livrer un nouveau combat.

« Le général Marceau prit poste avec l'arrière-garde sur les hauteurs de Freylingen, pour couvrir la marche de l'armée française.

« Le général Hotze l'attaqua avec l'avant-garde de notre armée et le força de céder.

« Le général Marceau tenta encore une attaque avec sa cavalerie, mais il fut repoussé par les régiments de Blankenstein, de Barco et de Latour.

« La perte de l'ennemi, dans ce combat, fut considérable : Marceau fut mortellement blessé et laissé sur le champ de bataille. Son adjudant-général [1] fut fait prisonnier et lui-même mourut le lendemain de ses blessures. Sa perte a beaucoup influé sur les soldats français, et ce dernier combat paraît avoir ébranlé entièrement leur fermeté.

« Les Français se hâtèrent de continuer leur retraite. L'avant-garde autrichienne s'établit près de Weyerbuch et plaça ses postes près de Kirckheib. »

V

LES DERNIERS JOURS DE MARCEAU.

La relation autrichienne disait vrai. L'âme de la résistance semblait s'être envolée avec Marceau.

Depuis le général en chef révoqué, jusqu'au grenadier sans cartouches et sans pain, tous avaient lutté bravement pendant cette pénible retraite, tous avaient voulu attester par leur fière attitude qu'ils n'étaient pas vaincus par leur faute. L'ennemi loyal qu'ils avaient devant eux témoigna de son respect pour l'armée vaincue, en traitant le glorieux blessé, laissé entre ses mains, avec les mêmes égards que s'il avait été l'un de ses généraux.

L'accueil fait à Marceau par les Autrichiens donne à cette longue guerre son véritable caractère : on s'estimait dans les deux camps, on se rendait justice, et ces généraux de la France nouvelle rivalisaient avec ceux de la noble maison d'Autriche non-seulement de science et de bravoure, mais encore de courtoisie.

Aucun des officiers de Marceau n'avait voulu quitter son général.

---

[1] Ce n'était pas l'adjudant-général Gaulois, mais son adjoint, le lieutenant Canel, du 72ᵉ de ligne, dont il sera parlé plus loin.

*Lévy, chef de brigade, commandant le génie de l'armée
de Sambre-et-Meuse, au Ministre de la guerre.*

A Siegberg, le 4ᵉ jour complémentaire an IV (20 septembre).

« Le capitaine du génie Souhait est resté auprès du général Marceau, blessé à mort dans la retraite de Freylingen, et qu'on a été obligé de laisser à Altenkirchen aux mains des Autrichiens.

« Le général Jourdan a permis à cet officier de suivre, en cette circonstance, l'impulsion de son cœur et de donner à ce général les soins que leur amitié exigeait.

« Je ne crois pas que le capitaine Souhait soit prisonnier, le général Jourdan ayant prévenu l'archiduc Charles que ce capitaine ne resterait auprès du général Marceau qu'autant qu'il voudrait bien le lui permettre.

« Le capitaine Souhait était auprès de Marceau lorsqu'il a été blessé ; il a vengé sa mort en tuant un des hussards qui avaient attenté à sa vie.

« Salut et fraternité.

« Lévy. »

Le capitaine Souhait nous a laissé le journal des deux cruelles journées qu'il a passées auprès de Marceau mourant. Rien n'est plus touchant que ce récit, simplement écrit au chevet d'un mort, pendant la dernière veillée.

*Journal de la mort du général de division Marceau, commandant
l'aile droite de l'armée de Sambre-et-Meuse.*

« Le corps d'armée commandé par le général Marceau s'était retiré de la position de Freylingen le 3ᵉ jour complémentaire, à 7 heures du matin. Vers 10 heures, il avait entièrement défilé par la route d'Altenkirchen jusqu'au delà de la grande forêt de Hochstbach, en avant de Wallerod.

« L'ennemi suivait de près. Le général venait de recevoir l'ordre de tenir le plus qu'il pourrait dans sa position, afin de couvrir la marche des autres divisions qui défilaient de la Lahn sur Altenkirchen.

« Une partie de la colonne française avait à rebrousser chemin, et il fallait que l'arrière-garde, postée à la lisière du bois, pût lui en donner le temps.

« Le général, après avoir placé 6 pièces d'artillerie légère sur deux mamelons, N, qui battaient à mitraille la sortie du bois, s'avança lui-même pour reconnaître l'ennemi ; il était suivi de son ingénieur (*le capitaine Souhait*) et de deux ordonnances. Il était 11 heures du matin. Un hussard de Kayser se trouva devant lui et l'amusa par divers mouvements. Tout à coup, un coup de carabine est tiré par un Tyrolien placé derrière un arbre, près de la route.

« Le général s'éloigne du bois sans rien dire, tandis que sa suite sabre le hussard autrichien ; le Tyrolien s'échappe.

« A 300 pas du bois, le général se fait descendre de cheval, se disant mortellement blessé. On le porte d'abord sur deux fusils jusqu'au village de Wallerod, et de là, sur une mauvaise échelle, jusqu'à la rencontre d'un officier de santé.

« La balle avait percé les chairs du bras droit au-dessus du coude ; elle était entrée au-dessous des dernières côtes et elle était restée sous la peau du côté gauche ; c'est de là qu'on la retira.

« Des grenadiers portèrent le blessé, souffrant les plus vives douleurs, entre les colonnes de ses troupes et celles de la division Bernadotte.

« Quelle sensation son état produisit sur le soldat ! Ce n'était que tristesse et cris de douleur ; plusieurs fois il fallut écarter ces braves, qui se pressaient en foule pour voir encore une fois leur général ; chacun racontait ce qu'il lui avait vu faire : ce brancard était bien le trône de la gloire !...

« Par la grande chaleur du jour, le transport était long et pénible, mais les grenadiers qui portaient le général ne voulurent jamais qu'on les relevât.

« Après trois heures de marche, on parvint à la porte d'Altenkirchen.

« Là, Marceau fut reçu par le général en chef Jourdan et par les principaux officiers de l'armée.

« Les larmes coulaient : le silence, cette expression sincère de la douleur, régna un instant. Marceau souffrait beaucoup, mais il présenta un front serein aux alarmes et aux pleurs de ses amis. *Il ne se plaignait que d'être trop regretté !*

« Comme il était très-faible et hors d'état d'être transporté plus loin, on le porta, à 6 heures du soir, chez le gouverneur prussien d'Altenkirchen. L'ennemi s'avançait : le général Jourdan consentit avec peine à abandonner son ami à la générosité des Autrichiens. Il laissait quelques personnes de confiance pour le servir.

« Cruelle séparation ! Triste moment !

« Cœur de Marceau, combien de traits te percent et te déchirent !

. . . .

« On le laissa reposer d'abord, et l'on ne mit le premier appareil qu'à 7 heures du soir.

« Bien qu'il souffrît beaucoup, la nuit fut assez tranquille, mais sa respiration était fort gênée, son pouls égaré; il avait de la peine à parler.

« Le 4ᵉ jour complémentaire, au matin, Marceau reçut la visite du capitaine des hussards de Kayser qui commandait les avant-postes. Cet officier écrivit au général Haddick et lui fit passer les lettres de recommandation que le général Jourdan avait écrites en faveur de Marceau.

« A 9 heures du matin, le général Haddick vint le voir et lui témoigner combien il était affecté de son accident. Il lui offrit ses services et envoya de suite son chirurgien pour le traiter de concert avec les chirurgiens français. Le général Kray et l'archiduc Charles en firent autant. Tous les officiers autrichiens, généraux ou autres, s'empressèrent de venir le voir pour lui marquer leur haute estime et leur douleur.

« Mais rien n'était plus touchant que les attentions et les regrets du vieux et respectable général Kray : il resta longtemps près de son lit; la tristesse peinte sur son visage, il lui serrait la main, cherchant à nous consoler.....

« Il vint le voir après sa mort et accompagna son corps jusqu'auprès de Neuwied.

« Les hussards de Blankenstein et de Barco, qui avaient le plus souvent combattu contre Marceau, vinrent surtout lui rendre visite : leur douleur était vive et leurs vœux aussi sincères que les nôtres.

« Mais, comme il l'avait pressenti tout d'abord, il fallait mourir! *Il parla à tout le monde avec un grand sang-froid, avec cette douceur et cette affabilité qui lui étaient naturelles.* Il ressentait de violentes douleurs dans le bas-ventre, lésé par le trajet de la balle; il fallut faire deux sondages et élargir la plaie du côté droit. Marceau souffrit tout avec le courage le plus calme; *il nous parlait de la mort comme d'un moment heureux, facile à passer; c'est lui qui nous consolait.....*

« Cependant le 4ᵉ jour complémentaire, à la nuit, les symptômes alarmants redoublent : les yeux s'égarent; il vomit beaucoup de sang, on n'ose plus le saigner..... Il ne peut plus s'assoupir, la douleur ne lui laisse plus de répit; il ne doute plus qu'il va mourir, malgré les espérances que nous nous efforçons de lui donner !.....

« Le 5ᵉ jour complémentaire, à une heure du matin, il dicta ses dernières dispositions et les signa. Un instant après il perdait connaissance. Il ne parlait que de soldats, de bataille, de la retraite de Limbourg..... Il avait des étourdissements dans les oreilles, il voulait se lever.....

« A 3 heures, il revient à lui; il reconnaît le général autrichien Elsnitz et l'appelle par son nom.

« *Il nous donne quelques ordres* et retombe dans sa faiblesse.

« Puis, s'adressant à moi : « *Mon ami, je ne suis plus rien.* » Ce fut sa dernière parole.

« Un peu après, il s'agite beaucoup; son pouls n'est plus sensible, les extrémités se glacent. A 6 heures du matin, ses yeux se fixent et se ferment : il est mort !

« Son corps resta entre les mains des Autrichiens, qui l'entourèrent et furent saisis à cette vue de respect et de vénération :

« *Approchez, vous tous qui ne le connaissiez pas, et écoutez son éloge de la bouche même de ses ennemis. Voyez avec quel étonnement ils considèrent ce sabre qui leur fut si redoutable, ce bras percé et cette tête décolorée qui firent tant pour la gloire de la patrie*[1]*!* »

« Français, Autrichiens, chefs ou subalternes, tous pleurèrent ce vaillant, moissonné à la fleur de son âge[2], après tant de combats !

« Altenkirchen, le 5ᵉ jour complémentaire.

« Souhait,
« Capitaine du génie. »

Quatre chirurgiens-majors assistaient Marceau : deux Français, Devancel, du 7ᵉ dragons, et Dumalle, de la 88ᵉ de ligne; deux Autrichiens : Martinet, des hussards de Kaiser, et Stipaneck, de Manfredini-infanterie.

La dernière pensée de Marceau était un bienfait; les ordres qu'il dictait au lit de mort, les voici :

Altenkirchen, le 5ᵉ jour complémentaire an IV.

Au général en chef.

Mon Général,

« Je vous demande l'avancement au grade de capitaine dans leurs corps pour mon aide de camp Deschamps, du 11ᵉ régiment de chasseurs, et pour le citoyen Canal, de la 72ᵉ d'infanterie, adjoint à l'adjudant-général Gaulois. Le premier a été fait prisonnier et l'autre a été blessé en ralliant la cavalerie de l'arrière-garde, dans la charge qu'elle a eu à soutenir à l'entrée du bois qui est derrière Freylingen.

---

[1] C'est de ce paragraphe que s'est inspiré M. Laurens pour la composition du remarquable tableau qui lui a valu la médaille d'honneur à l'exposition de 1877.

[2] Marceau avait 27 ans.

Ces deux officiers ont montré sous mes yeux, en cette occasion comme en plusieurs autres, un zèle et une bravoure distingués.

« Salut et respect.

« Le général Marceau n'ayant pu signer, il nous a fait signer pour lui.

« Souhait, « Cleveno,
« Capitaine. » « Adjoint. »

VI

L'ARMÉE DE SAMBRE-ET-MEUSE S'ÉTABLIT DERRIÈRE LA SIEG.

21. Départ de Jourdan ; Beurnonville prend le commandement de l'armée. — 22. Retraite de Moreau. — 23. Funérailles de Marceau ; un monument lui est élevé à Coblentz.

21. Le 21 septembre, toutes les divisions avaient repassé la Sieg, l'aile gauche et le centre s'établirent en arrière de cette rivière, et l'aile droite, passant le Rhin à Bonn, s'étendit sur la gauche pour donner la main à la division Hardy, détachée sur la Seltz.

Hardy, général de brigade, commandant les troupes sur la rive droite du Rhin, au général Moreau, commandant l'armée de Rhin-et-Moselle.

Au quartier général d'Algesheim, le 2 vendémiaire an IV (23 septembre 1796).

« Vous me demandez, mon cher Général, des nouvelles de l'armée.

« Le général Jourdan s'était retiré jusqu'au débouché de Wetzlar, appuyant sa droite au Rhin par Nieder-Lahnstein, et couvrant parfaitement le blocus d'Ehrenbreistein. On est resté quelques jours en présence. Une division de l'armée du Nord, en abandonnant sa position à la première escarmouche, a permis aux Autrichiens de pousser une pointe vigoureuse vers Ehrenbreistein et de débloquer cette forteresse.

« Le général Marceau, commandant les trois divisions de droite, ayant par ce mouvement l'ennemi sur ses derrières, a dû changer de position pour se rabattre sur le corps de bataille. Dès lors, Jourdan a pris le parti de faire sa retraite sur Dusseldorf. Marceau, qui soutenait la retraite, a été blessé dans une affaire d'arrière-garde ; peut-être dans ce moment-ci est-il mort!

« C'est mon meilleur ami, c'est à côté de lui que je combats depuis trois ans avec la presque certitude du succès ; une balle lui a traversé la poitrine.

« C'est une calamité pour l'armée, car il était bien l'homme qu'il fallait pour commander l'aile droite, par sa sagacité, la justesse de sa conception, en un mot, par tous les talents que vous lui connaissez. *Mes larmes coulent, mon Général, en vous faisant ce récit.* Je sais que vous n'y serez pas indifférent.....

« J'ai proposé au général en chef de jeter quelques compagnies de grenadiers au delà du Rhin, vers les débouchés de Nastein et de Wiesbaden, pour inquiéter l'ennemi sur son flanc et sur ses derrières. Dans tous les cas, je suis tout prêt à me porter en avant avec mes 12,000 hommes.

« Donnez-moi de vos nouvelles, mon général, si vous le pouvez.

« *Je suis ici comme un enfant perdu, mais qui saura bien se retrouver quand l'occasion se présentera.....*

« A la levée du blocus de Mayence, j'ai pris position en arrière de la Seltz, ma droite en arrière de Partheneim, ma gauche à Bingen. Là, je suis maître de mes mouvements; je puis recevoir le combat, ou bien, en trois heures, repasser la Lahn, derrière laquelle j'attendrai de pied ferme tout ce qui se produira devant moi.

« Je vous embrasse de tout mon cœur, mon Général, et vous souhaite, pour la prospérité de nos armes, tous les succès que méritent vos talents.

« HARDY. »

Ernouf à Clarke, directeur du cabinet topographique.

« Le corps du général Marceau a été escorté par le régiment de Barco (hussards) jusqu'à Neuwied, où il a été déposé dans la cour du château; trois généraux autrichiens l'ont accompagné. Le capitaine Souhait a fait rapporter le corps de son général jusqu'à Coblentz. »

Jourdan au Directoire.

« J'ai l'honneur de vous rendre compte, citoyens directeurs, que le général de division Marceau est mort de sa blessure.

« Le zèle, les talents militaires, l'intrépidité de cet officier doivent rendre sa perte sensible à tous les amis de la patrie, et les qualités de son cœur redoublent les regrets de ses amis particuliers.

« Les généraux autrichiens ont rendu justice au mérite militaire de ce général; ils ont eu pour lui les égards les plus distingués, et l'archiduc Charles a permis que son corps fût conduit à l'armée par les officiers que j'avais laissés près de lui. Il sera enterré au camp de la Chartreuse, près Coblentz, avec les honneurs militaires qu'il mérite sous tous les rapports.

« Salut et respect.

« JOURDAN. »

Le 22 septembre, Beurnonville, à la tête de 25,000 hommes de l'armée du Nord, venait prendre le commandement de l'armée de Sambre-et-Meuse. Jourdan le lui passait en ces termes :

Jourdan à Beurnonville.
3 vendémiaire.

« Je me retire à Cologne, décidé à rentrer dans mes foyers, et je me ferai un plaisir de vous donner, jusqu'à mon départ, tous les renseignements dont vous auriez besoin, tant sur l'armée que sur les pays que j'ai parcourus.

« *J'y trouverai le double avantage d'être encore utile à ma patrie et de vous prouver que je désire obtenir votre estime et votre amitié.*

« Salut et fraternité.

« JOURDAN. »

22. Moreau venait de passer le Danube à Dillingen lorsqu'il fut informé, le 21 août, de la pointe de l'archiduc contre Jourdan. Au lieu de se mettre à sa poursuite, il essaya de dégager l'armée de Sambre-et-Meuse en faisant une diversion en Bavière. C'était le seul moyen d'obéir aux ordres du Directoire, qui lui prescrivait de détacher 15,000 hommes dans le Tyrol pour seconder les opérations de Bonaparte dans la vallée de l'Adige.

Moreau passa le Lech, le 22 août, battit Latour à *Friedberg*, à *Langenbruck* (1er septembre), puis, inquiet de Jourdan, il détacha Desaix vers Nuremberg (10 septembre) pour renouer ses communications avec l'armée de Sambre-et-Meuse ; lui-même prit position sur le Danube, aux environs de Neubourg.

Il était trop tard. Jourdan était à 60 lieues, disputant à grand'peine la ligne de la Lahn ; Moreau, gravement compromis, se décida à se replier sur Kehl et Huningue.

Il commença, le 16 septembre, cette savante retraite à travers la forêt Noire, qui ne fut qu'une brillante série d'engagements heureux. Serré de près par Latour, il lui gagna, le 2 octobre, la bataille de Biberach, et, malgré l'intervention de l'archiduc, il repassa le Rhin à Huningue (26 octobre) sans avoir laissé aux Autrichiens ni un drapeau ni un canon.

23. Ce fut le nouveau général en chef Beurnonville qui présida aux funérailles de Marceau ; elles se firent à Coblentz en grande pompe, au bruit de l'artillerie des deux armées.

Un monument, *dessiné par Kléber*, lui fut élevé dans le camp retranché de Coblentz, avec le produit d'une souscription dont la minute est aux archives du Dépôt de la guerre.

Souscription pour élever un monument au général Marceau, mort en défendant la patrie.

« Montant : 2,900 francs.

« Beurnonville, *général en chef;* Lefebvre, Championnet, Bernadotte, Kléber, Grenier, Ligneville, Hardy, Bastoul, Barbou, Bernadotte, Championnet, Duvignot, Grenier, Olivier, Simon, Daurier, Poncet, Naléche, Legrand, Damas, Klein, Soult, Leval, Richepance, d'Hautpoul, *généraux.* »

L'épitaphe du monument était digne du héros :

HIC CINERES, UBIQUE NOMEN !

Paris. — Imprimerie J. Dumaine, rue Christine, 2.

www.ingramcontent.com/pod-product-compliance
Lightning Source LLC
Chambersburg PA
CBHW060521050426
42451CB00009B/1105